Puntos de Crisis

Trabajando los problemas personales

Puntos de Crisis

Trabajando los problemas personales

Julian Sleigh

Grupo Editorial Tomo, S.A. de C.V.
Nicolás San Juan 1043
03100 México, D. F.

1a. edición, mayo 2006.

Nicolás San Juan 1043, Col. Del Valle
03100 México, D.F.
Tels. 5575-6615, 5575-8701 y 5575-0186
Fax. 5575-6695
http://www.grupotomo.com.mx
ISBN: 970-775-163-0
Miembro de la Cámara Nacional
de la Industria Editorial No 2961

Diseño de portada: Trilce Romero
Traducción: Ivonne Saíd Marínez
Formación tipográfica: Luis Raúl Garibay Díaz
Supervisor de producción: Leonardo Figueroa

Índice

La intención

En tus manos está este pequeño libro que vas a leer quizá porque deseas ayudar a un amigo que está pasando por un mal momento, o tal vez tú tienes un problema que te preocupa y estás viviendo una crisis. Para que quede claro cuál es el objetivo de este libro, asumiré que se trata de lo segundo, y que estás buscando cómo superar una situación difícil para liberarte de ella.

Comparto contigo una forma de hacerlo, la cual se ha practicado en muchas terapias. Es necesario que sigas todos los pasos porque forman parte de un proceso y tienen una secuencia que no debe alterase, ya que cada paso necesita ser preparado por el que lo antecede.

Te ofrezco esta guía para que la pruebes por ti mismo. Me parece que es muy útil y espero que sea de ayuda para ti. No hablaré de "él" o de "alguien", más bien conversaré contigo como si estuviéramos juntos, platicando tranquilamente y con honestidad, sin prisas ni preocupaciones, estableciendo un lazo de confianza entre nosotros. En el caso de una crisis, o de un problema real o imaginario, me comprometo a trabajar contigo durante el proceso.

Vives una situación que no te sientes capaz de enfrentar, no puedes penetrarla; pero entiendes que se trata de un reto y estás listo para aprovechar la ocasión y sacar de ella nuevas fuerzas y aclarar tus ideas.

Quizá estás pasando por un momento de dolor o de sufrimiento provocado por una pérdida, como la muerte de alguien cercano a ti; o tal vez estás perdiendo a un amigo, quien ha comenzado a rechazarte o que se ha alejado de ti a causa de otra relación, dejándote sin nada. Es posible que hayas cometido algún error, puede tratarse de uno obvio, que los demás identifican y de alguna manera hace que te señalen con el dedo; o uno oculto, personal e íntimo, el cual te hace sentir incómodo contigo o temeroso de que la verdad salga a la luz y tengas que pagar las consecuencias. Podría ser que un compañero de trabajo te haya atacado y herido para quitarte de su camino; en ese caso, él podría estar enfrentando un problema que proyecta en ti. Probablemente tienes una meta muy importante y todavía no la consigues, lo que hace que tengas la imagen de que eres un fracasado. Quizá hayas vivido suponiendo que todo iba bien en tu trabajo o en tus relaciones, y ahora descubres que no te diste cuenta de que algo andaba muy mal. Esto puede acabar con la confianza en ti mismo o con la lealtad de un amigo; ser engañado o engañarte a ti mismo provoca un despertar horrible cuando aparece la decepción. O tal vez algo le pasó a un buen amigo o a un miembro de la familia y eso te sumió en la confusión y la agitación, provocándote una mezcla de enojo y compasión. Estás muy preocupado y no dejas de repetirte: “Qué tonto fui al no darme cuenta”. Las posibilidades son infinitas. La vida está condicionada por un flujo constante de problemas que nos para en seco y nos obliga a cambiar de dirección, o nos hace caer en picada dejándonos con pocas esperanzas de levantarnos.

Cuenta la leyenda que existen demonios que vuelan a nuestro alrededor, y son tan feos que nos provocan terror y repugnancia, pero debajo de sus alas ocultan obsequios. Así que si los enfrentamos y logramos que nos entreguen los regalos, quedarán satisfechos y se irán, dejando que disfrutemos lo que nos dieron. Esto es un ejemplo para que siempre veamos las cosas buenas que hay en las malas experiencias.

No importa cuál sea el problema, ni si lo causaste tú o sólo eres la víctima, tampoco si es repentino, como una crisis, o si tiene mucho tiempo gestándose, sólo hay tres opciones para solucionarlo:

Ignorarlo y esperar que desaparezca. Te engañas creyendo que puedes huir del reto que te supone el problema, y te dejas llevar por la idea de que no es necesario que lo enfrentes. Te pregunto: ¿qué pasó con los problemas que tuviste antes? Es posible que algunos se hayan solucionado solos, y estás contento porque no los hiciste más grandes de lo que eran dándoles mayor importancia de la que realmente merecían. Pero ¿has tenido algún problema *real* que simplemente haya desaparecido sin dejar rastro? Por lo general, las situaciones que no enfrentamos resurgen con el tiempo y nos exigen que les prestemos más atención que antes. Ese demonio aún tiene el regalo escondido bajo sus alas, y está esperando otra oportunidad para provocar que se lo quites. ¡Ahora comienzas a ver que lo único demoníaco que tiene es su apariencia! Así que deja de evitar lo que debes enfrentar y soluciónalo.

Si el problema se resuelve solo, es porque tal vez ya sabes cómo transformarlo rápido. Eso es lo que deseo que suceda con todos tus problemas, por eso te explico con detalle los pasos necesarios que debes seguir para transformar un problema y cosechar sus bendiciones. Con la práctica, el proceso es menos lento.

La segunda opción es *vivir con él*, suponiendo que no puedes cambiar la situación. Esto quiere decir que cargas con el problema día y noche, y nunca te liberas de su peso. A veces no hay solución y debes tolerarlo. No se puede evitar la pérdida de un ser querido que murió, pero puedes preguntarte: "¿Qué hago con este dolor? ¿Debo mantenerlo vivo en memoria de la persona que perdí? ¿O puedo disfrutar de las alegrías contenidas en este recuerdo?" Con frecuencia, es necesario armarse de paciencia para salir adelante, pero la aceptación aminora el dolor.

Cuando se trata de otro tipo de problemas, puedes sentirte tentado a colgarte moralmente del pasado, y eso empaña tu visión de la vida. Por ejemplo, si crees que fracasaste en una relación, puedes adoptar la idea de que no eres digno de ser amado, y eso afecta tu actitud hacia ti y hacia el amor. Entonces, tus expectativas se cumplen y confirman esta idea; es un círculo muy lamentable y por supuesto no tiene justificación. Cambia de actitud y verás las cosas desde otra perspectiva.

Ninguna de estas dos opciones es una solución, pero, analizándolas, nos damos cuenta de que podemos evitar entrar al callejón sin salida si tomamos un tercer camino: *buscar el regalo que nos ofrece el problema y disfrutarlo.* El propósito de este libro es explorar esa tercera opción a través de un proceso sistemático para transformar cualquier tipo de problema, de tal forma que en lugar de que sea algo negativo se convierta en una fuerza positiva que te haga crecer como persona.

El método no es una cura ni un alivio instantáneo, sino lo opuesto: exige que te examines y analices de manera honesta con respecto al problema. No es la ocasión para borrarlo, sino más bien de darle la bienvenida y centrar tu atención en el lugar donde se encuentra, concretamente en tus sentimientos, porque se convierte en una piedra en tu camino.

Nadie puede entender por completo tu experiencia y decir que al mismo tiempo la está sintiendo, nada más tú sabes por lo que estás pasando. Sólo el que lleva el zapato sabe dónde le aprieta. Esto demuestra que eres único, y que ninguna persona, evento o crisis pueden deshacerlo. No importa lo amenazado o acabado te sientas, eres una persona profunda y valiosa, y tienes la misión de lograr lo que te pertenece nada más a ti.

Manejar bien el problema es una manera de acercarte al camino correcto que te lleva hacia la misión especial que debes cumplir en la vida. Muchas de las exploraciones y cambios de patrones que exige el método, sólo se lograrán con determinación y perseverancia. Este reto te ayuda a desarrollar esas cualidades.

Hay un punto más que quiero compartir antes de comenzar, y tiene que ver con el misterio de nuestra biografía, por qué ciertos eventos tienen lugar en momentos determinados, cómo suceden y qué efecto producen. Hay mucho que aprender de los ritmos y las fases de la vida, ellos pueden ser la clave del porqué se presentan las crisis. Para estudiarlos necesitamos mucho más que los conceptos de este libro, pero es importante considerar estos fenómenos. Lo que puede ayudarte en el proceso es pensar que lo que está escrito en el "guión" de tu vida es algo que ayudaste a crear antes de comenzar a vivir. No recordamos el contenido de dicho guión, por eso los eventos nos sorprenden. Pero sabemos que el significado de la vida a menudo es desconcertante, hasta que se analiza cuando sucede, y todo lo que pasa a lo largo de ella también tiene un significado.

La descripción del proceso que nos atañe no es larga; sin embargo, el cumplimento de los doce pasos podría tomar tiempo, pues cada uno requiere cierta meditación y evaluación. Si realizas el proceso con un compañero, quizá sea necesario que asistan a algunas sesiones de terapia en pareja. Si vas a trabajar solo, te será muy útil que en varios puntos te expreses por escrito, así podrás aclarar tus ideas. Esto no significa que tengas que conservar lo que escribes, es el hecho de escribir lo que ayuda.

Este sistema se creó con base en algunas ideas elementales, que no debes tomar como dogmas, sino como puntos de vista que te sirven de orientación. Cualquier intento de lidiar con los problemas humanos requiere de un concepto del hombre que va más allá de lo que se ve a simple vista, y debemos trabajar con la idea de que el hombre tiene tres componentes: el físico, el espiritual eterno y el alma, que está entre los dos anteriores. En el alma es donde crecen e interactúan los pensamientos, los sentimientos y la voluntad, los cuales están influenciados por y afectan las partes física y espiritual. La salud del cuerpo beneficia al alma y al espíritu; un alma ensombrecida refleja su enfermedad en el cuerpo, así como el espíritu que recibe alimento enriquece al alma y afecta de manera positiva al cuerpo. Un cuerpo enfermo daña al alma, pero un alma que vibra con fuerza brilla a pesar de la debilidad del cuerpo y lo saca adelante.

El misterio del alma del hombre es infinitamente extenso y profundo. Dominar hasta cierto grado esta extensión y profundidad, permite que la persona sea quien dirija su vida, le da "autoridad". Cada problema solucionado y cada crisis superada refuerzan esta maestría. Por lo tanto, el proceso que se explica en este libro puede convertirse en la senda del crecimiento personal.

Hablaremos de problemas y crisis. Un problema puede durar mucho tiempo o surgir de manera repentina, percibirse total o sólo parcialmente. Los problemas son un fenómeno incomprensible cuyo significado permanece oculto, y te retan a que descubras cuáles son los secretos que ocultan.

Una crisis es un evento o un accidente que exige atención inmediata. La dificultad que ambos presentan es compleja e intrincada, y plantean opciones que a menudo cuesta trabajo elegir; para hacer la elección hay que tener experiencia, pero también imaginación, debemos crear ideas nuevas. Las causas de los problemas y de las crisis tienen su origen en el pasado y para solucionarlos por lo general hay que dar un paso hacia lo desconocido. Nos vuelven vulnerables, pero nos invitan a que seamos creativos; en una palabra, representan oportunidades.

En griego, un *probléma* es algo que tiran frente a ti y que se convierte en un obstáculo; también significa "algo que tienes enfrente", como una pantalla o una barrera. Su equivalente en latín es *projectus*, y en español decimos que algo se *proyecta*, pero también de un *proyecto*. Entonces, un "problema" puede bloquear nuestro camino o convertirse en un proyecto, y esto nos da mucho en qué pensar.

Quizá la palabra podría tener un significado positivo. El vocablo griego *krisis* quiere decir básicamente separación, algo que requiere de discernimiento, juicio y decisión, implica urgencia y la necesidad de cambiar; en otras palabras, es un *momento decisivo.*

En este libro, hablaremos de problemas y crisis de manera indistinta, pues nos interesa más el significado del obstáculo que aparece en nuestro camino, que su causa y efectos. Buscaremos la forma en que la persona pueda manejarse mejor para enfrentar los retos que se le presenten. El enigma de ese reto tiene un código, y debemos esforzarnos para encontrar la manera de descifrarlo.

Paso uno:

Los hechos

Sí, sí tengo un problema

El primer paso es admitir que tenemos un problema. Si enfrentas una crisis, la necesidad de dar este primer paso es obvia; pero si se trata de un problema que has ocultado y que ahora deseas resolver, necesitas reconocerlo. Entonces, cuéntatelo a ti mismo o un amigo en términos generales y también con lujo de detalle: cómo surgió el problema, qué impacto tiene en tu vida y las distintas dificultades que está causándote. Puede ser útil que hagas por escrito una descripción clara del problema; el ejercicio de escribir te ayuda a organizar los hechos y a ponerle palabras a tus sentimientos y a tus emociones. O quizá tengas la oportunidad de contarle tu historia a alguien que tenga la disposición para escucharte, y de esta manera puedas pasar del punto de partida. Este amigo debe ser un buen escucha, a él no le corresponde darte consejos ni juzgarte, sino escuchar con atención los hechos, las narraciones y las explicaciones que compartes al contarle la historia. Tienes que ser capaz de expresar exactamente cuáles son tus sentimientos, sin sentirte incómodo. La persona que te escucha debe estar preparada para no divulgar lo que le digas; tiene que trabajar con el corazón y con la cabeza, para poder recibir con cálida empatía su idea, percepción y comprensión de los hechos y sentimientos, para que su corazón albergue sin prejuicios y con estima incondicional lo que compartas con él.

Hagamos una breve pausa para aclarar la diferencia entre empatía y compasión. La persona que siente compasión experimenta los mismos sentimientos que los expresados por el individuo que relata el problema, lo que produce piedad; en otras palabras, los sentimientos del que escucha pueden convertirse en sufrimiento. Asimismo puede sentir lástima, y en ésta va implícita la condescendencia. Empatía no significa que el escucha sienta lo mismo que la otra persona, sino más bien que no se involucra en el problema y entiende lo que su interlocutor está diciéndole, guarda la información en la memoria para procesarla.

Escuchar es más que recibir. La persona que escucha con empatía en lugar de compasión aporta algo mágico, su disposición para escuchar permite que te concentres en tus pensamientos, y eso hace que puedas rastrear y "leer" lo que estás sintiendo. Siempre resulta difícil distinguir con exactitud y ponerle palabras a los sentimientos; la fuerza de la atención de un buen escucha facilita esta tarea. Ciertamente escuchar es una actividad humana, pues ayuda al que narra a profundizar en su interior y a expresar su humanidad. Puede entrar en contacto con sus miedos, enojos, odios, deseos y aspiraciones, sentimientos que de otra manera rara vez distingue de manera consciente. Así, la persona que te escucha te ayuda a entender qué es lo que debes enfrentar en ese momento de tu vida. No obstante, el individuo que te acompaña en este camino sólo puede ayudarte a expresar el problema, no evita que te enfrentes a todo lo que sale a la luz y se remueve en tu interior.

Es necesario que distingas entre los hechos y lo que te hacen sentir, las dos cosas son igual de importantes. Tus sentimientos también son hechos porque son reales para ti. Algunos aspectos del problema son objetivos, llegan a ti desde afuera, y otros están conformados por tus respuestas emocionales. Debes analizar ambos sin etiquetar lo malo, incorrecto, tonto o injusto. Lo que deseamos conocer son los hechos y los sentimientos, no lo que piensas de ellos ni cómo los juzgarían los demás. Así que en esta etapa debes describir y entender, no evaluar. La descripción tiene que ser honesta, sin ocultar ni negar cosas. Es importante que menciones los detalles, pero no busques soluciones ni preguntes cómo lo superarás, eso lo sabrás cuando hayas descrito el problema en su totalidad, con claridad y honestidad. Una señal es que te sentirás liberado porque podrás verlo de manera más objetiva. Tus emociones no serán tan fuertes y surgirán dentro del contexto de la situación. Así que deja de ser el que vive la crisis y conviértete en observador. Estás en camino para salir del problema.

¿En este paso puedes distinguir entre cómo ves tu crisis y cómo imaginas que otros la ven? Tienes que considerar quién más está involucrado y cuáles son sus razones; describe de nueva cuenta, pero sin juzgar. Si has comenzado a reconocer que tus motivos son impropios, como los celos o los prejuicios, o que hay evidencia de que ésos son los motivos de los demás, entonces inclúyelos en la descripción. Debes reconocer todo lo que tiene que ver con el problema, aunque sea desagradable, trivial o injusto.

Sobra decir que no es fácil aislar un problema y marcar sus límites con precisión. Quizá debas concentrar tu atención en un aspecto de un grupo de problemas que precipitó la crisis; o tal vez lo urgente para ti podría ser sólo la capa exterior o una parte de una situación más grave que requiere ser curada. No te preocupes por eso, lo que tienes que hacer es reconocer el problema tal cual lo ves o lo sientes. Una vez que lo hayas descrito con la mayor claridad posible, puedes pasar al siguiente pasos; las ramificaciones o capas más profundas que hoy están ocultas surgirán en otras etapas del proceso.

Nada más tú sabes lo que pasa a tu alrededor y dentro de ti, así que al final estás solo. El hijo pródigo se quedó solo cuando desperdigó todo lo que le dio su padre; perdió su dinero, a sus amigos, la dignidad; lo humillaron y conoció el hambre; la devastación lo rodeó y nadie se preocupó por él. En su funesta necesidad y desesperación *se volvió a sí mismo*, un nuevo y positivo plan se formó en su mente: regresar, pedir perdón y solicitar empleo como sirviente en la casa de su padre. No hubiera podido idear este plan si no hubiera adquirido humildad y el deseo de cambiar, primero debió volverse a él mismo. Hecho eso, estuvo listo para regresar; su padre se llenó de alegría al oír que su hijo hablaba con una voz nueva, y entonces lo reconoció como una persona que había empezado a crecer. Su hermano, que se había mantenido a salvo sin llamar la atención, dura tarea, sólo pudo sentir desprecio, enojo y celos.

Paso dos:

La causa

Soy responsable de la existencia de este problema

Una vez separados los sentimientos de los hechos, y después de reconocerlos y explicarlos, ya tienes el problema frente a ti; ahora, tómalo, es *tuyo*. Tal vez haya otras personas involucradas que contribuyeron a su surgimiento, y otros más que quizá hayan resultado afectados, pero ése es asunto de *ellos*, deberán enfrentarlo como tú lo haces con tu problema. Debes centrar tu atención en lo que tienes que resolver, hablaremos de los demás en etapas posteriores. Eres el responsable de lo que te pasa. Es posible que te cueste trabajo aceptarlo, pero esto te abrirá el camino para que te trabajes el problema y lo transformes. Esto no quiere decir que si estás sufriendo por la muerte de alguien cercano a ti, tú eres el responsable de su muerte, pero sí de tu dolor; la intensidad de tu sufrimiento dependerá de lo estrecha que era la relación con esa persona. La relación era importante cuando tu ser querido vivía, ahora debe tomar un significado nuevo.

Si tienes un conflicto con alguien, no lo culpes aunque estés convencido de que la culpa es de esa persona; el problema que surgió es tuyo. Si analizas los factores que desencadenaron la crisis entre ustedes, te darás cuenta de que no hay razón para que cargue con toda la culpa. Seguramente él también debe sentirse responsable, pero ése no es asunto tuyo.

Hay un punto de vista interesante que da luz a los acontecimientos que nos ocurren. La siguiente cita de Rudolf Steiner expresa esta idea.

> En el plano espiritual sabemos que, por el bien de nuestra evolución, necesitamos de algún tipo de vida en el mundo físico que, cuando la vivimos, puede resultar desagradable o deprimente para el alma. Sin embargo, luchamos por salir adelante porque en el plano espiritual no elegimos lo que es bonito o agradable, sino lo que necesitamos para el desarrollo adecuado de nuestro ser.
>
> Sucede lo mismo con las situaciones inesperadas de la vida; las analizamos y vemos cómo nos hemos preparado en el mundo espiritual para enfrentar lo que nos provoca aversión y también compasión, y cómo manejamos en la existencia física los impulsos que causan nuestras experiencias dolorosas y alegres. Pero aun

> así, nos parece incomprensible que nosotros mismos hayamos provocado tal o cual situación, porque sólo vivimos en el mundo físico. No obstante, en el mundo espiritual teníamos algo que podría llamarse visión introspectiva súper sensible que nos hacía decir: "Debes vivir esta experiencia desagradable o dolorosa porque ella te ayudará a avanzar en tu desarrollo".[1]

Podría decirse que la responsabilidad tiene un segundo significado; es decir, que la situación se presentó porque ayudaste a escribirla en el guión de tu vida. Esto también quiere decir que depende de ti *responder* de forma correcta a lo que sucedió. Que el problema sea tuyo no implica que debas darte golpes de pecho y digas: "Por mi culpa." Eso no viene al caso y no sirve de nada. Fortalecer tus sentimientos de culpa y señalarte con el dedo nada más empeora las cosas. Mejor sé maduro y acepta lo que pasó, como una

---

[1] *A Road to Self-Knowledge* (Un camino al autoconocimiento), Steiner Press, Londres 1975, pp. 74f.

madre consuela a su hijo afligido. Aduéñate de los hechos y de los sentimientos. Una vez que hayas hecho tuyo el problema, no le echarás la culpa a los demás, y eso te ayudará a deshacerte de la amargura, la cual también aparece con facilidad. Entonces enfrentarás el problema de forma distinta, y habrá comenzado a perder el poder que ejerce sobre ti.

Paso tres:

La aceptación

Soy responsable de resolver mi problema

Una vez que hayas hecho tuyo el problema, estarás listo para resolverlo. Al aceptarlo, te sentirás menos involucrado, y al tomarlo como propio te prepararás para reconocer que depende de ti trabajar en él y transformarlo. De esta forma, evitarás embarcarte en él eternamente y sufrir sus efectos paralizantes. Ante una crisis siempre hay que tomar decisiones, elegir caminos nuevos y cambiar los patrones establecidos. Todavía no llegamos a la etapa en la que debemos trazar un plan de acción, la planeación prematura te desvía del análisis profundo que todavía debe llevarse a cabo. En este punto debes preguntarte: "¿Siento lástima por mí, siento que soy la víctima de los actos de maldad de otras personas? ¿Soy víctima de la mala suerte?". Y si te sientes la víctima, ¿vas a esperar a que los demás den el primer paso? ¿Vas a dejar que pase el tiempo para que la herida sane o el problema se resuelva solo? O ¿tomarás control de la situación y trabajarás para resolverla? Quizá tengas claro que deben presentarse algunos factores externos y tienes que encargarte de que se resuelvan. Pero cuando se trata de las heridas y de los resentimientos que hay en tu interior, ¿estás preparado para aceptarlos y hacer algo para *sanarlos*, o vas a ignorarlos y a dejar que se conviertan en una crisis futura más explosiva? ¿Eres capaz de reconocer que pueden llevarte a la causa más profunda de tu problema? No te conducirán por un atajo, ni se transformarán en una cura instantánea ni en un calmante, sólo te enfrentarán con el reto: "¿Estás preparado para sufrir lo que sea necesario para llegar a tu destino?". Tienes que luchar contra el sentimiento de lástima y dejar de considerarte la víctima; si sientes que la víctima se gesta en tu interior, entonces tendrás que trabajar en eso que te come las entrañas: enojo, miedo, odio, culpa, fatiga o desesperanza. Cualquiera de estas emociones, y sobre todo una combinación de ellas, puede hacerte mucho daño.

El *enojo* es una emoción complicada que va desde el resentimiento hasta la ira. La persona enojada se siente impotente ante una amenaza a sus ideales o a la imagen que tiene de sí misma. Si te sientes la víctima, ve si estás enojado, con la persona que te causó el disgusto, o con el disgusto en sí. Tal vez te descubras preguntándote: "¿Por qué tuvo que pasarme esto a mí?" o "¿Por qué me hizo esto?" Los resentimientos se remueven.

Quizá te educaron para que vieras al enojo como una emoción que no es aceptada socialmente y que por lo tanto debe reprimirse. Es más, debes fingir *contigo* que no existe. A menudo, la consecuencia que resulta de reprimir el enojo es la depresión, incluso el aturdimiento, se crea una barrera que te impide trabajar en el problema.

Pregúntate: "¿Estoy enojado?". Cuando meditas la pregunta, te sorprende contestar con toda honestidad: "¡Sí! Sí estoy enojado". Incluso ves que tu resentimiento (o algo peor) sembró la semilla del odio en tu alma, o hasta el deseo de vengarte. Una vez que reconozcas tu enojo, éste comenzará a desaparecer. Cuando esto suceda, la energía emocional del enojo trabajará de manera positiva y te permitirá que perdones a la persona que te provocó esa emoción. La aceptación ayuda a resolver la situación, y disminuye el sentimiento de culpa.

Si tienes *miedo*, te paralizas; te refugias en ti mismo, tus pensamientos y sentimientos toman nuevas dimensiones, y el temor a lo desconocido te llena de ansiedad o de angustia. Pero esto te vuelve consciente de tu pequeñez y de la necesidad de enfrentarte a una fuerza o a un poder que es superior a ti. Karl König describe el miedo (y también la vergüenza) con estas palabras:

> Ni el miedo ni la vergüenza pueden explicarse de manera racional. No hay razones obvias ni conocidas para que estas dos emociones incómodas e indeseables aparezcan en nuestra vida. Ambas nos llevan a cosas desconocidas en nuestra rutina cotidiana. El miedo y la vergüenza nos enfrentan a una experiencia que surge de repente. Algo inconmensurable se presenta ante nosotros, como si fuera a aparecer el pasado impenetrable de la vida y del ser. Nuestros pensamientos se agolpan como hormigas enojadas. Nos sentimos culpables, pensamos en la vida y en la muerte, en Dios y en nuestros errores.
>
> La conciencia hace estragos en nuestra mente. Sabemos que un reino de existencia completamente diferente

> se ha abierto, pero no podemos ver con claridad qué hay en el interior de este nuevo mundo. Se abre una puerta hacia una habitación que por lo general es terreno prohibido. Esto sucede de manera tan repentina, que nos asustamos y no nos atrevemos a cruzar al umbral. La puerta vuelve a cerrarse.[2]

El miedo hace que tomemos conciencia de que nuestra estancia en la tierra es pasajera. Esta intensificación de la conciencia hace que nos demos cuenta de que somos débiles y necesitamos ayuda. Así que estamos más dispuestos al cambio.

Si te das cuenta que el *odio* crece en ti, analízalo con detenimiento y pregúntate si no es signo de un fuerte afecto que sólo enseña su lado oscuro. Sentir odio por alguien es una muestra de que estás enganchado con él, y al admitirlo abres una vía para sentir algo positivo por esa persona. Si te das cuenta de que odias a alguien, quizá es porque

---

[2] *The Human Soul* (El alma humana), Floris Books, Edimburgo 1986, pp. 62.

tiene un mensaje especial para ti, y tienes que vencer la barrera, con un esfuerzo tuyo o de él, para llegar a la persona. Los fuertes sentimientos indican que el individuo es un problema en tu vida que debes enfrentar. Además, la existencia del odio significa que la energía emocional está almacenada en el lugar equivocado. Si encausas dicha energía quizá descubras que la persona que odias es muy importante para ti, incluso puede ser un gran amigo.

El sentimiento de *culpa* es la señal de que violaste tu propia integridad. Tu comportamiento no está en armonía con tu visión superior. Los valores dañados no son los impuestos externamente, sino otros que forman parte de tu estándar interior. Este sentimiento es como el foco rojo que indica que te quedaste sin gasolina o que el motor está descompuesto, es peligroso ignorar esta advertencia. Si no tomas las precauciones necesarias, la consecuencia podría ser una crisis más seria que la que enfrentas ahora. Cualquier intento de analizar la culpa sin conocer su causa, sería como tapar la luz roja con cinta adhesiva. Seguirás teniendo la sensación de que algo anda mal. Enojarte por la culpa sería como culpar al foco rojo de que el tanque se vació o de que se descompuso el motor. No, hay que reconocer la culpa y eliminar lo que la provoca evitando el comportamiento que le dio vida. Tal vez necesites corregir algunas cosas.

La *fatiga* es la señal de que debes hacer una pausa, alejarte de la agitación de las actividades que te agobian, y darle una perspectiva nueva a lo que estás haciendo. Es natural que una vida demandante te provoque cansancio, pero si ignoras las señales de peligro y rebasas tus límites, puedes comenzar a cometer errores, a equivocarte en tus juicios, o a tener una visión deprimente o resentida de la vida. Esto obviamente puede generar todo tipo de problemas entre tu entorno y tú. Así que si te sientes agotado, lo mejor es que lo aceptes y que descanses, porque no sólo recuperarás tu salud física, sino que podrás darle otra perspectiva a tu existencia cotidiana. El poema de Longfellow que habla del pueblo de los herreros que está bajo el castaño tiene esta línea: "Lo intentado y lo hecho, se merecen una noche de reposo". El problema con la vida moderna es que, a diferencia del herrero, uno pocas veces se cansa del trabajo honesto y del esfuerzo sano, además por lo general combinamos nuestra energía nerviosa con otros factores que nos debilitan, como el estrés, las comidas artificiales y el entretenimiento pasivo; así que nos mantenemos a flote con varios estimulantes, y luego nos preguntamos por qué surgen los problemas. A menudo, la única forma de resolverlos es cambiando nuestro estilo de vida a uno más natural.

Cuando sientes *desesperanza* no es fácil que veas las cosas positivas. Ante la desesperanza no hay solución y tienes que reconocer que tú solo no puedes hacer nada, pero cuando menos adopta una actitud que te ayude a salir adelante. Puedes decirte: "Esto es un desastre, pero no es serio", tranquilízate un momento y ábrete a lo que vaya a suceder. Si lo haces, tienes muchas probabilidades de que, de manera sorprendente, recibas ayuda "de la nada" de alguien inesperado. Es como si sucediera algo mágico cuando realmente necesitamos ayuda y estamos abiertos a ella. Una vez más, el hijo pródigo debió llegar al límite de lo que podía soportar antes de abrirse a un nuevo conocimiento.

Si le dices "sí" a tu problema, ya estás haciendo algo, pero evita avanzar muy rápido. Todavía te quedan tres pasos antes de hacer un plan para poner en práctica esa nueva visión, pero ya llegará.

Paso cuatro:

El significado

¿Qué tengo que aprender?

Cuando enfrentas una crisis en la vida, siempre terminas por aprender de ella. Te sentirás inseguro y desconcertado, por lo tanto estarás más dispuesto a aprender. Cuando todo va bien, no estás abierto para aprender de las experiencias buenas de la vida, los senderos conocidos no son un reto que te enseñe algo; pero si estás en un terreno desconocido, tienes que estar listo para aprender. Romper con los patrones establecidos te permite crear otros nuevos, y entonces aparecen fracturas en la estructura de nuestras costumbres que dejan pasar la luz. Analizamos a profundidad la vida, nuestra comprensión del mundo y de nosotros mismos cuando el caos se apodera de nuestras costumbres. Si vives esto, significa que el problema está tratando de decirte algo; por lo general, el mensaje es que debes eliminar algunos hábitos. Quizá estés enfrentándote una debilidad que sabías que existía, pero que no quisiste darle la cara porque iba a resultar doloroso. Esto provoca irritación, porque cuando ignoramos algo que no nos gusta, su presencia constante resulta desagradable.

A lo mejor la situación está forzándote a detener el ritmo acelerado de tu vida; podría tratarse de un aviso de que estás buscándote problemas si continúas así. Quizá el asunto está relacionado con tu salud, o puede ser un reto para que abandones una actividad muy preciada. El significado de lo que está pasando está en tu biografía. Tal vez llegaste a una nueva etapa de tu vida, la cual está conectada con ciertos ritmos o fases que se han identificado en los estudios de las historias de vida; a veces, en una biografía surgen crisis que poco tienen que ver con circunstancias externas. Los cambios internos, a menudo biológicos, pueden estar afectando tu estado de ánimo y pidiéndote que ajustes tu vida a la nueva situación. Resulta útil observar esos cambios y hacer lo que te piden. Puede ser el momento de reafirmar las intenciones que te han guiado en la vida, prestarle atención a las aspiraciones que siempre has tenido, o ver si las metas que te trazaste en la juventud ahora tienen una perspectiva más clara.

Pregúntate en qué sentido te pone a prueba este problema. ¿En tu claridad de pensamiento, tu fuerza de voluntad para llevar a cabo tus propósitos, tus sentimientos hacia otros, tu sensibilidad para las situaciones, tu honestidad contigo mismo? Quizá el reto es que dejes ir algo que te niegas a soltar, y esto te obliga a pensar si realmente es tan importante. ¿Podría ser que lo que parece una gran pérdida en realidad esconde grandes compensaciones? Si te ves forzado a renunciar a un puesto que te daba posición e influencia, ¿esto significa que se te pide que desarrolles otro tipo de liderazgo, el cual cambiaría tu *poder* a *autoridad*? Quizá el reto es que seas menos inteligente y más sabio. Éstos, por ejemplo, son los retos de la crisis de la mediana edad. Dicha crisis siempre va en dos direcciones: recibe, pero también da. El demonio disfrazado tiene escondido el regalo y lo entrega sólo cuando somos capaces de exigírselo.

Este paso exige que entiendas el problema, que lo pongas frente a ti, que le pidas que te revele su secreto y te diga su mensaje. Esto no sucederá si te acercas con el orgullo roto. Vale la pena sufrir el dolor de aprender a ser humilde cuando éste hace que crezcas en sabiduría. El hijo pródigo volvió herido, humillado y sin ningún bien material, cargando con la culpa de haber dilapidado su fortuna, pero aprendió a ser humilde; mientras que su hermano, seguro dentro de la casa paterna, no tuvo la oportunidad de aprender de sus experiencias y de reconocer sus debilidades.

Paso cinco:

La profundización

Soy más que un simple "pobre de mí"

Si el cuarto paso te sirvió para que aprendieras más de ti mismo y te volvieras más humilde, ya estás listo para explorar tu grandeza. ¿Podrías calmarte por un momento? Tal vez te resulte difícil por el alboroto que hay dentro de ti, causado por el dolor o el desconcierto que has estado sufriendo. Los cuatro pasos debieron haberte ayudado a superar un poco el problema, ¡pero quizá tengas que repasarlos otra vez! Debes asegurarte de que *sí* reconoces la crisis o el viejo problema que irrumpió en tu vida. ¿Lo convertiste en una imagen externa a ti y objetiva, aceptas la responsabilidad de lo que está pasando, y entiendes que debes trabajar en eso y aprender todo lo que puedas de la situación?

Ahora tienes que escucharte con atención y preguntarte: "¿Cuál es el problema *real*?". Si sufres porque la imagen que tienes de ti mismo está destrozada o porque perdiste la dignidad, entonces deberías preguntarte: "¿Quién soy? ¿Soy idéntico a la imagen que siempre he tenido de mí? ¿Esto es todo lo que soy? ¿Qué me provoca incomodidad?". Entonces respóndete: "¡Es mi conciencia la que me hace sentir incómodo, esa voz interna que constantemente me recuerda mis valores cuando me desvío del camino!".

Luego pregúntate directamente: ¿De dónde surgió este grupo de valores? ¿De la sociedad en la que vives, de la religión que practicas? ¿Es un condicionamiento que recibiste durante tu educación? En otras palabras, ¿te funcionan esos valores? ¿Los has transformado, o has sobrevivido con lo que te inculcaron en la infancia? ¿Intentas liberarte y encontrar tu verdadero yo? ¿Tu integridad está en tela de juicio? Preguntas como éstas pueden hacer que dudes de lo que has aceptado como conciencia, pues la exhiben como un grupo de estándares que adoptaste en un momento en el que no podías adecuarlos a ti. Quizá debas enfrentar esto y darte cuenta de que necesitas decidir qué es lo que aplica para ti, aunque el resultado sea diferente a lo que has practicado hasta ahora. Inevitablemente es doloroso darte cuenta de eso y puedes sentirte perdido. Las cuerdas que te sostenían se han deshilachado, y si las pones a prueba podrían romperse, dejándote a la deriva y en peligro de perder las bases que te dan seguridad. Es peligroso, pero ¡es una gran oportunidad! Tienes la opción de abrirte y darle la bienvenida a un proceso muy profundo.

En los momentos de gran peligro es cuando se revela la parte más profunda de tu ser. En esos instantes percibes un rayito de la verdad que será importante para el resto de tu vida. Tendrás el honor de afirmarte nuevamente y de reconocer cuál es tu misión en la vida, que sólo tú puedes cumplir, nadie más. La fragilidad te demuestra que eres humano; el hombre es la más imperfecta de las criaturas, conoce muy poco su potencial. El simple hecho de que te sientas perdido abrirá tu corazón y tu mente para que escuchen la voz serena y tranquila que habla desde la profundidad de tu ser; no es "tu" voz típica y programada, sino el TÚ inquebrantable que irradia su luz desde el corazón de tu ser. Acepta que tu estado de ánimo será incierto y entonces quizá no serás capaz de dar la bienvenida a la afirmación de tu valor. Puede resultar abrumador aceptar la conciencia profunda.

Éste es un momento peligroso, es la crisis en sí. Debes decidir rápido. Tienes que decir: "Esto es lo adecuado para mí ahora". Puedes venirte abajo o superarlo. Con el alma desnuda y sin eso que te hacía sentir seguro, lo único que te queda es la certeza de saber que eres. No niegues tu valor, quédate tranquilo sabiendo que eres. En esta tranquilidad puede comenzar a brillar un rayo de luz que disipará la oscuridad que hay a tu alrededor. Quédate quieto y deja que esta luz comience a radiar. Permanece en la luz y permite que nuevo coraje crezca en ti, el cual te asegurará que eres más grande que tu debilidad y tu pena.

Ahora puedes percibir la conciencia de tu Ser Enterrado, como lo expresa el poema de Matthew Arnold:

La mirada se hunde en el interior y el
corazón queda inmóvil,
Y nuestras intenciones, las comunicamos,
y lo que haríamos, lo sabemos.
Un hombre se vuelve consciente del fluir
de su vida
Y escucha su murmullo zigzagueante, y ve
los prados donde se desliza, el sol, la
brisa.
Y hay un periodo de calma en la ardiente
carrera

Donde él por siempre perseguirá
Esa esquiva y fugaz sombra, descanso.
El aire fresco roza su cara;
Y una insólita paz se apodera de su
pecho.
Y entonces cree que conoce
Las Montañas donde surgió su vida,
Y el Mar al que se dirige.

Esto puede suceder de muchas formas distintas. En el momento en el que más lo necesitas, un amigo se acerca a ti y te dice algunas palabras que despiertan tu coraje y te indican una nueva dirección. Quizá te hable de un libro, un poema o un cuadro, sin darse cuenta que está dándote la llave de tu nuevo ser. Ahora entiendes el significado de las ideas que alguna vez escuchaste, y que ahora surgen como compañeros que te guiarán hacia la nueva fase de la vida. O un extraño puede llegar a tu vida y por un tiempo sentirás una profunda comunión con él, porque la calidez de su corazón radiará como la luz que describimos antes. O tal vez escuches una canción, cuya música produce un tono sublime que te llega hasta el corazón.

La esencia de esta experiencia es que a pesar de que estás total y desesperadamente solo y débil, algo en ti emite un llamado que escucha el Único que puede responderlo. Así es, la persona que aparece en el momento adecuado quizá no entienda el significado de lo que está haciendo, pero lo habrá enviado un guía superior que sabe la etapa por la que está atravesando tu yo interno. Ésa es la experiencia que tiene mucha gente que pasa por momentos de angustia. Cuando enfrentamos el problema y aceptamos que no podemos manejarlo solos, abrimos el camino para que la energía superior trabaje y para que suceda un milagro.

Pero el peligro que acecha es que una vez que el sufrimiento se alivia, te sentirás tentado a caer en los viejos patrones, por eso tienes que prepararte para el paso sexto.

Paso seis:

La nueva resolución

Después del amanecer, el día

Se sabe que durante las terapias psicológicas, cuando una de las personas realmente escucha, el cambio puede darse en el otro. De la misma forma, si te has escuchado realmente, ¿es posible que el cambio suceda en tu caso? El cambio te da nuevas fuerzas. ¿Puedes enfocar esta energía hacia el cambio para que permanezcas cerca de la parte más auténtica de tu ser?

Esto significa tener el coraje para cambiar. O ¿quieres dejar todo como estaba? Si estás *preparado para el cambio*, podría resultarte difícil cambiar viejas costumbres y actitudes. La determinación de cambiar es un momento de decisión. Tal vez te harán dudar las fuerzas reaccionarias que están en tu interior y que te dicen que no puedes salirte del patrón que has seguido hasta ahora. ¿Las escucharás?

Si la respuesta es afirmativa, aquí termina tu proceso. Todo depende de la determinación que tengas para cambiar tu vida en respuesta a lo que has aprendido.

El patrón que estaba arraigado en tu vida enfrenta un reto. Ya percibiste las cosas nuevas que están esperando llegar a tu vida, ahora tus sentimientos o tu comprensión deben tomar la decisión. En esta experiencia encontrarás la voluntad, el coraje y la tenacidad requerida para continuar con los siguientes pasos.

Paso siete:

El plan

Debo trazar el camino hacia el futuro

Gracias al problema que enfrentaste descubriste que algo andaba mal en tu vida, por eso decidiste cambiar de patrón de conducta. Ahora, llegaste al punto en el que debes pensar en un plan de acción claro. En el quinto paso llegaste al centro de tu ser y te entendiste mejor que antes, y en el sexto decidiste cambiar. ¿Puedes pensar ahora en lo que debes hacer?

El plan se diseña en dos etapas. En la primera, estableces un *objetivo* para cumplir con el reto de lo que ha sucedido. Si la crisis tuvo un gran efecto, tu plan también debe tener un gran efecto. Entonces, el objetivo tendrá que estar a la altura y abarcar un amplio rango de logros nuevos. Si el problema fue producto de algo más específico, tu objetivo tendrá que dirigirse a un aspecto en particular de tu comportamiento. Quizá te impresionó darte cuenta que se cuestionó tu integridad, tu sinceridad, tu autocontrol y tu capacidad de ser tu propio maestro.

Podrías estar atravesando por el proceso agonizante de ajustarte a una relación perdida y anhelas llenar el vacío con algo positivo, basado en la comprensión interna de ti mismo. No importa de qué tamaño sea el problema ni el plan para superarlo, necesitas un objetivo, el cual requiere una definición clara, incluso que lo escribas o lo compartas con un amigo, que se convierte en testigo de tu decisión. Si realmente hiciste lo sugerido en los pasos quinto y sexto, las energías de tu yo profundo se habrán acelerado, y eso te estimulara para que fijes tu objetivo.

En la segunda etapa del plan se organizan las metas a alcanzar. Algunas veces, se establecen por periodos en los que puedas monitorear tu progreso. Las metas deben corresponder al logro de tu objetivo. Las metas, además de exigirte algo, deben ser realistas. Darle forma a las metas es una obra de arte, pues la primera debe llevarte a la segunda y así sucesivamente. Escribirlas te ayuda a aclarar tus ideas; compartirlas con un amigo te permite reflexionarlas para que compruebes si son realistas. Entonces, debes establecer la forma en la que vas a monitorear tu progreso. Una opción es que hagas notas en tu calendario y lleves un diario; en el calendario indicas lo que deseas alcanzar, y en el diario registras lo que has hecho. Es obvio que no puede ponérsele una escala de tiempo a todos los planes; algunos tienen que ver con el crecimiento interior, y tienen que plantearse como un viaje con un objetivo distante, que podría ser un ideal lejano. De lo contrario, todas tus metas requerirán atención al mismo tiempo. Supongamos que debes cambiar la imagen de ti mismo; si inicias con una imagen de fracaso, quizá tu meta podría ser que quisieras tener la capacidad suficiente para resolver las situaciones que surjan de las interacciones en tu vida laboral. Tal vez debes establecer cierto número de metas como: ser puntual todos los días; que tu escritorio siempre esté ordenado; que escuches a tus clientes y a tus colegas; conservar la calma cuando la gente te haga enojar; mostrar un interés personal en la gente que trabaja para ti; darte tiempo todos los días para meditar; concentrarte más y explicar con claridad tus puntos de vista. Éstas pueden ser metas simultáneas; deben trabajarse en todo momento, por eso el método que diseñes para monitorear tu progreso debe ser en función de ellas. La evaluación continua asegurará que mantengas la voluntad y la mente concentradas en lograr los cambios que te has propuesto.

Paso ocho:

El futuro

El pasado ya pasó

Una vez que trazaste un plan razonable, diriges tus pensamientos hacia el futuro. Pero el miedo de entrar en lo desconocido podría amenazar. La reacción entonces será conservar la seguridad que te brindaban las acciones a las que estabas acostumbrado. Quienes nos decimos progresistas estamos conscientes de la tendencia de los *demás* a ser conservadores, pero corremos el mismo riesgo de regresar a las viejas costumbres. Así que este paso tiene que ver con la idea de dejar ir de manera consciente y decidida ciertos hábitos y puntos de vista, ésos que en algún momento eran incuestionables, pero que el problema o crisis en el que estás trabajando te reta a que los cambies.

Necesitas entrar al terreno de las expectativas. A menudo los problemas surgen porque tus expectativas son distintas a las de la gente con quien estás involucrado. Hablemos de una relación. Con cuánta frecuencia sucede que lo que esperas de una relación es muy distinto a lo que el otro espera; es muy fácil que proyectes tus expectativas en la otra persona. Esto da origen a las ilusiones. Las falsas esperanzas tarde o temprano provocan una crisis, sobre todo cuando las emociones, esperanzas y anhelos están involucrados; interpretas señales que alimentan tus esperanzas o quizá tus celos. Una tercera persona bien podría manipular la situación en su beneficio, entonces crece la tensión explosiva y provoca una tragedia, como en *Otelo*, de Shakespeare. Quizá la manipulación de esa tercera persona no fue con mala intención, pero gracias a tu inseguridad y tus dudas, reaccionas exageradamente y se presenta la crisis. Ahora, cuando intentes poner orden en el caos, debes reconocer las ilusiones a las que te aferras. ¿Estás preparado para deshacerte de esas ilusiones, ahora que aceptas lo que son?

Otro ejemplo del equipaje que no requerimos y que es mejor tirar, es el resentimiento. A menudo, esta emoción se almacena en lo más profundo de nuestro ser, y hay que rastrearla, identificarla, sacarla y enfrentarla. Tal vez el resentimiento sea uno de esos problemas secundarios que deba resolverse con el proceso de los doce pasos, y quizá antes de iniciar los procesos más importante con los que estás comprometido.

Así que en términos generales, este paso se trata de que identifiques y te deshagas de todo lo que te hace sentir como si estuvieras preso, como sucedió con el problema con el que estás trabajando. Pero la dimensión del problema ahora podría ser mayor y hace que reconozcas otras áreas en las que deberías liberarte de lo viejo. No es sólo cuestión de que te deshagas del pasado, sino que también dejes espacio para que lleguen cosas nuevas. El siguiente podría ser un ejemplo interesante: Te haría bien adoptar otro nombre, ¡uno que exprese mejor la persona que aspiras ser! ¿Por qué estar condenado a un nombre que no te gusta? ¿Por qué no tener el coraje de tomar la decisión que te permita ser más fiel a ti mismo? Otras costumbres de tu vida cotidiana podrían cambiar y reformarse; por ejemplo, tu caligrafía. Si la cambias puedes darle una conciencia renovada a un lugar que estaba ocupado por un hábito. No se trata de cambiar sólo por cambiar. Piensa que tu caligrafía se formó en tu infancia, ya creciste y tu letra lo refleja. Quizá también debas considerar la forma en la que acostumbras vestirte, la decoración de tu habitación, los montones de cosas viejas que tienes en el clóset; o las ideas fijas que tienes en cuanto a lo que es bueno comer, quizá ya no van con la persona que está naciendo en ti, y esa nueva persona sería más libre si no tiene que acostumbrarse al viejo modelo.

Incluso las víboras crecen sólo si cambian de piel.

Todo esto puede sonar radical e impresionante, pero, igual que con la diferencia entre los objetivos y las metas, si *deseas* convertirte en una "persona nueva" tienes que comenzar a cambiar poco a poco, como una mariposa que sale del capullo. Si la mariposa se salta ese proceso, nunca sabría que tenía alas de seda. Quizá sea el momento de que salgas, como la mariposa; ¡sería muy triste que te lo perdieras! Necesitarías otra crisis para abrir el capullo y liberarte. ¿Eso quieres?

Las falsas expectativas, las ilusiones, los resentimientos, las viejas costumbres, los patrones del pasado, además de eso, ¿qué más debes dejar? Ya lo sabrás. ¿Y qué pasa si no puedes soltar? Las heridas del cuerpo físico sanan, aunque quedan cicatrices; pero en la vasto área semiconsciente de nuestros sentimientos, las heridas tardan mucho tiempo en cerrar, a menos que se apliquen determinados remedios. Los recuerdos permanecen activos y continúan trabajando en las emociones, y no se llega con facilidad al dolor profundo. Esto es lo bueno de trabajar en tus heridas para aliviar al área donde viven tus recuerdos y se mezclan tus sentimientos. El proceso de reconocer, poseer y aceptar las heridas te ayuda a llevarlas a la cálida luz de tu conciencia. El quinto paso te sirvió para colocar el dolor en el contexto más amplio de tu verdadero ser, esto te permite disminuir su importancia en relación con lo que habita en tu alma. El simple hecho de haber tratado la herida hará que se cure. Así que hay mucho que ganar al separar un dolor específico y mirarlo a la luz de los doce pasos que se describen en este libro.

Sin embargo, llega el momento de la verdad, en el que deberás decirle a la herida: "¡Vete! ¡Suficiente!", y cada vez que levante la cabeza tendrás que repetirle que no tiene lugar en tu vida sentimental. Es muy útil que llenes tus sentimientos con cosas positivas, como participando en el arte o en la cultura, ayudando a otros, preocupándote por las plantas y los animales, haciendo ejercicio para alejar la melancolía o la autocompasión, y llenando la aspiradora de sentimientos oscuros. El trabajo es de hecho el gran sanador, el trabajo que es necesario y satisfactorio, que amplía tus posibilidades y que te conecta con otras personas y nuevos intereses. Pero tienes que estar decidido a que no te afecte ningún recuerdo o herida, porque de lo contrario en tu interior fluirán con frecuencia señales que intentarán hacerte sentir abatido, vacío o roto. Si persisten quizá debas separar el daño específico y tratarlo con los doce pasos.

Los pensamientos sólidos, la perseverancia y las ideas positivas respecto a tu nueva vida te ayudarán a superar el pasado.

Así que ahora necesitamos encontrar, con la mayor seriedad, formas para tener actitudes positivas y para cumplir con los pasos, transformando crisis y problemas en energías y propósitos nuevos.

Paso nueve:

El perdón

Perdona y pide perdón

Quizá otras personas estuvieron involucradas. Del tercer paso en adelante tuviste que ahondar en tu problema, dejando que los demás trabajaran en los suyos. Ahora que estás emergiendo con la determinación de renovar las cosas, y has soltado el pasado que te detenía, necesitas trabajar un área bastante difícil pero que es muy importante. De alguna manera, las personas que participaron en lo sucedido también habrán sufrido, quizá no como tú o tal vez mucho más, pero ese alguien que te lastimó no estará tranquilo cuando se dé cuenta de lo que hizo y eso se convertirá en un lastre para él. ¿Lo dejarás con esa carga, o tomarás medidas para olvidar y perdonar? Esto significa volver a tener contacto con esa persona, algo que quizá resulte difícil o imposible. En el caso de que sea imposible puedes darle algo positivo a la relación que se ha agriado. Si la relación se terminó y entre ustedes hay una barrera enorme, tus buenas intenciones de perdonar y pedir perdón pueden verse frustradas. ¿Deseas quitar esa barrera y volver a ver a la persona? Si es así, el hecho de que anuncies que quieras comunicarte siembra una semilla que podría tardar años en germinar, pero cuando menos hiciste lo que estaba a tu alcance. Tienes que dar el primer paso, porque la responsabilidad de que la barrera esté allí también es tuya. Necesitas aliviar el recuerdo de lo que sucedió entre ustedes. Los pasos que has dado hasta ahora deben ayudarte a ver con más facilidad lo que sucedió con una luz positiva y a tener la determinación de poner las cosas en orden.

Quizá debas recordarte una y otra vez que si tienes rencor, aunque sea muy sutil, cargarás un peso que te impedirá moverte con libertad en la nueva etapa. Tal vez en tus pensamientos ya no existe el rencor, y el octavo paso, que acabas de trabajar, debió haberte ayudado a eliminarlo también de tus sentimientos. Pero ¿cómo sabe la otra persona que lo superaste si no le dices o se lo haces saber de alguna manera? Si los medios externos para comunicarte con ella te son negados, todavía es posible que le envíes buenos pensamientos y llenes el vacío entre ustedes con cálida energía positiva. Para entonces debes ser capaz de aceptar que la persona que te atacó o te lastimó estaba actuando como instrumento de tu yo sabio, que fue el que planeó la crisis que necesitabas para avanzar en tu crecimiento interno.

Si piensas de esta manera positiva y dejas que esa actitud acoja tu corazón, tus pensamientos llegarán a la persona y se volverán parte de la sustancia que lo preserva. La curarán aunque no sepa de dónde viene esa curación. Y si aun así si el puente emocional entre ustedes no se levanta, lo reemplazará uno espiritual.

El perdón es una preciosa facultad humana. No sólo se trata de ignorar un sentimiento negativo o de fingir que se olvidó lo que sucedió entre ustedes, es una fuerza positiva que te cambia y que lo cambiará. Nunca dudes del valor de este esfuerzo. Aunque los resultados no sean evidentes o aunque no sepas cuál fue la respuesta de la otra persona, su parte espiritual, que es la más real, aceptará tu oferta.

Hazte una prueba para que veas si realmente perdonaste y si ya no existen rastros de rencor o de resentimiento. Imagina que te enteras que le sucedió algo, un contratiempo, un incidente desafortunado, o que cometió un error y eso le provoca una crisis; no tiene nada que ver contigo, pero te enteras, ¿cuál es tu reacción?

¿Sientes algún tipo de satisfacción, algún rastro de alegría? O ¿la sensación reprimida de: "Bueno, se lo merecía"? O ¿te provoca verdadera compasión y el deseo de ayudarlo en lo que puedas? Incluso si no le pasó nada, imagínate algo como esto y analiza tu respuesta. ¡Quizá descubras que aún tienes trabajo por hacer!

Hay otros dos aspectos del perdón que debes trabajar. El primero, tal vez necesitas que alguien te perdone, pudiste haberlo lastimado y agredido con palabras o con hechos; pudiste haber dañado la imagen y la confianza de otros; pudiste haber causado sufrimiento o desesperanza; tal vez te consideren traidor o mentiroso. Esto debe quedarte claro en las primeras etapas del proceso, sin embargo los puentes entre tú y aquellos a los que afectaste siguen en el suelo. La humildad que has alcanzado se pondrá a prueba cuando debas volver con esa persona para pedirle perdón.

Este proceso es muy sutil y sensible porque quizá desconoces la magnitud del dolor que causaste. Reparar la conexión con aquellos que se han alejado te hará consciente del efecto de tu acción. De ninguna manera tuviste la intención de traicionar, decepcionar o lastimar, pero así fue como afectaste al otro. Tendrás que admitir que las palabras que usaste fueron groseras o duras. Si recuerdas bien la situación, entonces sabrás por qué tienes que pedir perdón. No sólo tu percepción de las cosas cuenta, sino también la del otro. Éste es el proceso de reconciliación, y es una de las cualidades más hermosas de los seres humanos, demuestra que tiene el coraje suficiente y la humildad necesaria para permitir que suceda. La reconciliación significa construir los puentes de ambos lados para que se conecten en el centro. ¿Vas a quedarte quieto hasta que el otro dé el primer paso?

Y el tercer aspecto del perdón es perdonarte a ti mismo. Si te diste cuenta, sobre todo en el paso cinco, que estás en contacto con tu verdadero yo, entonces habrás conocido tus verdaderas emociones. No vale la pena que continúes lacerándote porque algo salió mal.

Muchos hacemos eso, y no sirve de nada. Si has trabajado todos los pasos hasta llegar a este, tienes que ser capaz de decir: "La crisis necesitaba presentarse para que yo avanzara en el camino de la vida". Si no puedes perdonarte, es porque no has soltado tu viejo equipaje. ¡Imagínate a una mariposa volando con el capullo colgado de su cola!

Paso diez:

La gratitud

Veo las cosas buenas de todo lo que pasó

¿Puedes dar gracias por la forma en la que sucedieron las cosas? El agradecimiento ayuda mucho a aceptar lo que pasó y lo que pasará. Analizaste con claridad la situación que estás trabajando, ahora tienes que volver a tranquilizarte y sentirte orgulloso y maravillado por la forma en la que transformaste la crisis. Es increíble el cambio que se da cuando pensamos con claridad, porque nos sentimos bien. *Pensar* se convierte en *agradecimiento* cuando se hace con cariño y se perciben las cosas buenas de la experiencia. El agradecimiento beneficia incluso al pensamiento más prosaico o abstruso.

¿Eres agradecido? ¿Agradeces a aquellos que te han molestado y lastimado? ¿Eres agradecido con un destino que te causó una pérdida o un trauma, pero que logró que tuvieras más contacto contigo mismo? ¿Estás agradecido con tu poder de resistencia que te permitió soportar el dolor hasta que pudiste transformarlo? Agradecer, igual que perdonar, es una de las grandes virtudes de los humanos, pues libera la fuerza del amor. Ya tuvimos que profundizar en la comprensión del perdón, ahora debemos hacer lo mismo con el agradecimiento.

Por lo general, la gratitud es la respuesta a algo que disfrutamos, que nos dio placer, que hizo nuestra vida más fácil, o que de alguna manera nos confirmó. Ahora se nos pide que demos gracias por lo que nos molestó, lastimó o destrozó nuestro amor propio. Una vez que comenzamos a trabajar el problema y encontramos las soluciones en lo más profundo de nuestro ser, podemos voltear para ver qué hemos ganado. Esto debe hacernos sentir agradecidos.

¿Qué perdiste o qué ganaste? ¿Aceptas la pérdida en vista de lo que has ganado? ¿Puedes pensar y evaluar así, o es muy pronto? El dolor que estás sintiendo tardará en disminuir. Quizá es muy pronto para sentirte realmente agradecido por lo que pasó, tanto exterior como interiormente. Tu plan de acción está funcionando bien y tus intentos de perdón producen resultados alentadores, pero tal vez te parezca imposible agradecer al destino y a toda la gente involucrada. No te agobies, haz una pausa y pregúntate: "¿Estoy agradecido?", así sembrarás la semilla de la gratitud. Rumiar la pena alimenta al sufrimiento; entre más le das vueltas al asunto, más te amargas. El deseo de agradecer lo que has sufrido puede detener el ciclo.

Para sentir agradecimiento, primero hay que tener voluntad; prácticamente te has forzado a cambiar el flujo de tus emociones, lo que al principio pudo parecer impensable. Pero ahora tienes más libertad interior para convertir tus emociones negativas en positivas. Al enfrentarte a la pregunta: "¿Puedo agradecer la crisis?" estás poniéndote a prueba; si respondes: "Sí, la agradezco", demuestras que has logrado dominar tu energía emocional, puedes guiarla en dirección a una actitud positiva. La crisis te retó a obtener este control. ¿Esto te ayuda a sentirte agradecido?

¿Este paso parece más cosmético que esencial? Si lo crees así, entonces sería importante que analices tus sentimientos para ver si en el fondo acecha esa vieja hiena llamada deseo de venganza. Podemos parecer muy cultos y decentes incluso no sólo en la superficie, pero más allá de las buenas intenciones fíjate que la bestia salvaje no esté oculta silenciosamente, porque podría aparecer en la siguiente crisis para demostrar que en ésta no se quitó bien la maleza. La venganza parece inofensiva, hasta que tiene la oportunidad de atacar. Así que la intención de este décimo paso es eliminar la plaga más que generar buenos sentimientos.

Paso once:

La alegría

Energía nueva en todas las acciones

Después de la oscuridad, aparece la luz; pero también después de la pesadez, llega la ligereza. Si luchar contra el problema resultó pesado, emerger de él significa que ahora te llena la ligereza de un corazón en paz. Es más que una liberación eufórica, la eliminación de las huellas y el regreso al lugar donde estabas antes que explotara la crisis, podría ser el surgimiento de la alegría. Entonces es tu tercer objetivo: el perdón, el agradecimiento y ahora la alegría.

Unos a otros nos deseamos un "buen día" o "suerte" en un proyecto. La verdadera alegría no es algo pasivo, una especie de satisfacción después de un esfuerzo, sino el cálido esfuerzo de nuestra voluntad en todo lo que hacemos. Un joven con varias discapacidades me dijo: "No me aburro porque disfruto lo que hago". Todo lo que hacía requería de un esfuerzo. Disfrutar es una tarea activa, como poder, hacer, estimular, agrandar, alegrar. La razón por la que hay tan pocas alegrías en el mundo hoy en día es porque no entendemos que es nuestro deber encontrar ese estímulo en nuestra alma, el cual resalta las cualidades de nuestras labores.

Los pasos que has realizado hasta ahora te han ofrecido objetivos y metas nuevos, así como una nueva comprensión de ti mismo; trabajaste tu capacidad de perdón y de agradecimiento. ¿Ya puede desvanecerse el problema que dio origen a este proceso? Hizo su trabajo, para que te enfrentes al futuro con un mayor sentido del propósito y con más energía. Esto te llevará a mayor disfrute. Los franceses hablan del *joie de vivre* (la alegría de vivir), lo que significa que la alegría va de la mano de la vida; igual que la luz, la alegría llena los espacios a los que se le permite el acceso. Disfruta pensando cuáles son los objetivos de tu existencia y los misterios de tu ser, y después aplica esta energía en tu vida diaria y en las pequeñas cosas que la conforman. Las actividades aburridas y monótonas de la rutina pueden volverse un *lastre* o una *revelación*, según tu grado de devoción.

Paso doce:

La paz

Estoy listo para continuar

Estar en paz significa primero estar en paz *contigo*. La paz con los otros, con tu destino o con Dios difícilmente se logra si no estás en paz contigo. Es más fácil que los demás te perdonen a que te perdones tú, y Dios perdonas más rápido de lo que imaginamos. Cumplir con las expectativas de las otras personas exige mucho esfuerzo, pero lo que esperas de ti puede ser como latigazos y marcas que queman tu alma. La mayoría tendemos a ser duros con nosotros mismos. Ansiamos ser estimados y amados, pero si nosotros no nos estimamos ni amamos, la estima y el amor de quienes nos rodean se irá como agua entre los dedos. Puedes reconstruir o aclarar tu relación con otros, pero no estarás en paz si la relación contigo está en caos. Te pueden ofrecer toda la confianza del mundo, pero si no estás a gusto contigo, seguirás sintiéndote inseguro. Puedes rezar con fervor para pedir la ayuda de Dios, pero si no tienes fe en ti bloqueas la gracia de su respuesta.

No hay una formula fácil para la autoaceptación. Primero debes conocerte. Trabajar un problema te ayuda a experimentar algo que al principio puede parecer irrelevante, pero que es de vital importancia para todo lo que estamos haciendo, debe ayudarte a entender la diferencia entre lo que percibes y tú como el que percibe. También participan los hechos de la situación, la otra gente y tus sentimientos, los tres factores son parte de lo que percibes; sin embargo, tu existencia no está condicionada a ellos. No eres tus sufrimientos, ni tus debilidades ni tus estados de ánimo. Al *percibirlos*, te das cuenta de que tu identidad no depende de ellos; al *darte cuenta* "reconoces" tu ser. De esta forma te afirmas. Cuando conoces a tu verdadero yo, te alejas del caos de tus sentimientos y de todo lo que te presiona. Y entonces, en lugar de sentirte abrumado, percibes lo que viene a ti con la calma de tu verdadero ser. Esto ayuda a tranquilizar los sentimientos para que en lugar de que sean un torbellino, se conviertan en un lago en calma que refleja el cielo y el paisaje. La imagen ya no está rota en un millón de pedazos. Esta calma produce paz. La persona pequeña que hay en tu interior, que lucha por hacer todo lo que tiene que hacerse, y se pone nervioso y sufre mucho haciéndolo, a veces necesita cuidados y apapachos, aunque sea por un instante, de la *persona grade* que está llena de paz y de sabiduría; como la Madonna que carga al niño.

Negación
Reconocimiento
Culpar a los otros
Lo pro
Sentir víctim
Aceptar
Ser muy orgu
Aprender
Tomárselo a la ligera
Escuchar con atención
Quedarse atorado
Decidir cambiar
No seguir
Plan de acción
Retroceder
Dejar el pasado
Buscar la venganza
Perdonar
Retener amargura
Estar agradecido
Esperar
Disfrutar
Volar
Paz

Esta paz te permite seguir adelante. No has completado el círculo, porque no has regresado al punto de partida. Es una espiral que te lleva hacia dentro, porque te acerca a tu centro. En el crecimiento personal, cada paso hacia dentro te permite dar uno hacia delante. La espiral hacia adentro es primero. Otra forma de superar los problemas es ir hacia fuera primero, evitar la realidad, buscar distracciones o perderte en las ilusiones, como volviéndote hiperactivo, refugiándote en el alcohol o buscando otros medios para salir de lo que te incomoda. ¿A quién le gusta concentrarse en el centro de un problema si puede alejarse de él? Mientras, crece y espera la siguiente oportunidad porque no ha sido enfrentado, reconocido ni transformado.

La espiral te jala hacia adentro, a través del problema y hacia el centro de tu ser. Desde ahí es posible continuar, una vez que llegaste al origen de la energía y la promesa nuevas.

Puntos finales

Si resolviste el problema con este libro, también se eliminaron algunas de las cargas prolongadas o incluso incrustadas que se acumularon a lo largo de los eventos de tu vida, que no habías trabajado tan conscientemente. Hagamos una comparación con el bienestar físico. Cuando el cuerpo de una persona está libre de toxinas, las heridas o infecciones que sufre se curan rápido; de igual forma, el individuo que soluciona sus problemas cuando aparecen, no vivirá cargando con trabajos inconclusos que tienden a crecer con cada problema nuevo.

¿Qué pasa con las pequeñas molestias que surgen todos los días y no necesitan de este procedimiento? No puedes trabajar las pequeñas molestias con los doce pasos, aunque cada paso es importante; podrías concentrarte en los primeros cuatro, y dejar que el ímpetu de hacerlos trabaje por sí solo. Cuando rompes una taza recoges los pedacitos y no le pides a otra persona que lo haga; puedes hacer una pausa por un momento para ver qué puedes aprender del infortunio mientras juntas los pedazos con la escoba. Si algo se te cae al suelo y queda fuera de tu vista, lo encontrarás más rápido si no te culpas por la estupidez. Cuando te des cuenta de que interrumpiste a alguien, di rápido: "Veo que te interrumpí, perdón". A menudo, el problema no sólo es lo que sucede, sino la forma en la que uno se comporta después.

A veces es necesario suspender el proceso de trabajo de una crisis o del problema hasta que tengas tiempo para realizarlo. Los actores y los pilotos aprenden que si cometen un error deben continuar y no detenerse para ver en qué se equivocaron. Eso se hace después, pero por el momento deben seguir adelante. ¿No somos todos de alguna manera actores o pilotos? Con la práctica de los doce pasos para enfrentar una crisis, se tiene la esperanza de que la crisis se presente cada vez con menos frecuencia, pero si se presenta puede enfrentarse en una etapa temprana antes de que crezca. Lo ideal es que estemos un paso adelante, y nos anticipemos y la tratemos antes de que se manifieste.

El estilo de vida moderno nos bombardea con imágenes sensoriales y sumerge nuestra posibilidad de analizar todas las percepciones. Percibimos no sólo lo que viene desde afuera con los sentidos, sino también lo que surge en nuestra conciencia a través de los sentimientos y las emociones. Nuestros conceptos, en otras palabras lo que *pensamos* de lo que percibimos, no son idénticos a estas percepciones, tienen *otro origen*, en el mundo de los pensamientos. El reto espiritual para el hombre moderno es conocer esta otra fuente, y sólo puede hacerlo con su capacidad para pensar. El impacto emocional de una crisis aumenta la actividad de la percepción;

hay mucho que enfrentar, mucho que sentir, mucha información que *procesar*, y pensar en todo eso te desgasta.

Este esquema de doce pasos está diseñado para permitirnos analizar no sólo los hechos que surgen de la percepción, sino también los sentimientos y las emociones que se encuentran en nuestro interior. Al enfrentar directamente esta "perspectiva" y volvernos consciente de ella, nos damos la oportunidad de equilibrar lo que *per*cibimos con lo que *con*cebimos. Y eso es liberador.

Continuarás creciendo. Para ayudarte, vendrán más crisis y problemas en el futuro. ¿Estás más preparado para enfrentarlos?

Espero que sí.

¡Hasta luego!